宁夏大学国家科学基金
获资助者名录

（2014）

宁夏大学科学技术处　编

黄河出版传媒集团
宁夏人民出版社

图书在版编目（CIP）数据

宁夏大学国家科学基金获资助者名录.2014/ 宁夏大学
科学技术处编.—银川：宁夏人民出版社，2016.12
　　ISBN 978-7-227-06602-6

　　Ⅰ.①宁… Ⅱ.①宁… Ⅲ.①科学家—人名录—中国
Ⅳ. ①K826.1

中国版本图书馆 CIP 数据核字（2016）第 326467 号

宁夏大学国家科学基金获资助者名录（2014）　　　　　宁夏大学科学技术处　编

责任编辑　杨海军

封面设计　邵士雷

责任印制　肖　艳

黄河出版传媒集团
宁夏人民出版社　出版发行

出 版 人　王杨宝

地　　　址　宁夏银川市北京东路 139 号出版大厦（750001）

网　　　址　http://www.nxpph.com　　　　　http://www.yrpubm.com

网上书店　http://shop126547358.taobao.com　　http://www.hh-book.com

电子信箱　nxrmcbs@126.com　　　　　　renminshe@yrpubm.com

邮购电话　0951—5019391　　　　5052104

经　　　销　全国新华书店

印刷装订　宁夏凤鸣彩印广告有限公司

印刷委托书号　（宁)0004021

开　　本　889 mm×1194 mm　　1/16

印　　张　3.25

字　　数　62 千字

版　　次　2017 年 2 月第 1 版

印　　次　2017 年 2 月第 1 次印刷

书　　号　ISBN 978-7-227-06602-6

定　　价　31.00 元

前　言

　　国家科学基金项目是我国自然科学和哲学社会科学研究领域具有权威性的基础研究项目，是国家科技创新体系建设的重要组成部分，其覆盖面和影响力大，在引领基础研究与应用研究、产出优秀学术成果、推动人才培养与队伍建设、支撑教育教学发展和学科体系建设等方面发挥了战略性、基础性作用。

　　获批和完成国家科学基金项目的数量、质量和层次，常常是衡量一所高等院校和科研院所学术水平与创新能力的重要标志之一。2006—2015 年，宁夏大学在科学研究方面取得长足发展，国家科学基金项目立项数量持续增长，立项总数达 558 项，其中自然科学基金项目 417 项，哲学社会科学基金项目 141 项。通过实施国家科学基金项目，极大地提升了我校科学研究、教育教学和人才培养的水平，相关研究成果成为服务地方经济和社会文化发展的智慧之思、动力之源。国家自然科学基金项目、国家社科基金项目极大地推动了宁夏大学相关学科领域基础研究与应用研究，"我国多民族道德生活史系列研究""西夏通志""伊斯兰教思想中国化的理论与实践"等国家社科基金重大招标项目，"肺泡上皮细胞与巨噬细胞互作对牛结核分枝杆菌感染的免疫调节机制研究""多尺度介孔金属氧化物固溶体的设计、合成与气敏性质研究"等国家自然科学基金面上项目等的承担，标志着我校部分学科承担科学研究的能力在国内同领域达到了较高水平。

　　对广大教学、科研工作者而言，主持完成国家科学基金项目，既是一种学术荣誉，也是一项学术责任和学术使命，更是一份"宁大人"的担当。每一次学术研究的突破，每一项学术成果的取得，都离不开科研工作者的辛勤奉献。通过开展国家科学基金项目，宁夏大学培养了一批有志于学术的优研人才，涌现出了一批功底扎实、锐意进取的学科和学术带头人，形成了一支支奋勇争先、学术实力雄厚的科研团队。国家科学基金项目不但引领了我校基础与应用学科的发展方向，提升了人才培养、服务地方、文化传承的能力，更为宁夏大学留下了宝贵的精神财富。实验室里，科研人员专注的目光、忘我的实验；田间地头和厂矿车间里，科研人员挥汗如雨的身影，忙碌的调研；图书馆里，研究人员求索的神情、睿智的凝思，充分展示着宁大科研人锲而不舍、追求真理的精神风貌，成为"宁大人"艰苦创业、负重拼搏的形象写真。

为留存这份珍贵的精神财富，"不忘初心，继续前进"，我们拟将宁夏大学近年获批的国家科学基金项目汇编成册，内容包括项目名称、主持人及项目简介等。本书汇编的是2014年度获批的67项国家自然科学基金项目和16项国家哲学社会科学基金项目的基本资料。

"雄关漫道真如铁，而今迈步从头越。"成绩已成为历史，未来仍需努力。本书是扇窗，放眼望去，既有历史的记忆，更有对未来的期许。期待宁夏大学科学研究取得更大的成绩，期待宁大续写辉煌！

宁夏大学科学技术处

二〇一六年十一月

目　录

国家自然科学基金获得者

刘晓明

1966 年 10 月出生。博士，生命科学学院教授，宁夏"海外引才百人计划"入选者，主要从事细胞生物学的教学与研究工作。国家自然科学基金 2011 年、2014 年面上项目获得者。

项目名称 （项目编号：31472191）

Wnt/beta-catenin 信号在协调肺泡上皮细胞与巨噬细胞宿主防御机制中的作用

项目简介

肺泡作为呼吸道的终端是实现气体交换的唯一场所，无时不受到空气中微生物和异物的侵袭，是肺脏抵抗外来物的最后防线。所以，肺泡细胞免疫反应的动态平衡是维护肺脏正常功能的关键。本项目在建立肺泡上皮细胞体外气液相培养模型的基础上，利用巨噬细胞—上皮细胞共培养技术和小鼠模型，研究肺泡内上皮细胞和巨噬细胞抗病原微生物感染的免疫学反应机理，以及 Wnt/beta-catenin 信号在肺泡内上皮细胞和巨噬细胞对应激外源刺激的免疫协调作用机制。这些研究对于肺脏传染病和肺癌等肺脏疾病的免疫致病机理的研究具有重要的理论与现实意义。

李西宁

1964 年 9 月出生。硕士，数学统计学院教授，主要从事应用数学的教学与研究工作。国家自然科学基金 2014 年地区基金获得者。

项目名称 （项目编号：11461053）

基于特征投影分解的随机种群发展系统数值计算方法研究

项目简介

目前国内外对随机种群模型数值算法的研究还很少，现有的方法主要是基于 Euler 格式，因而不能很好地揭示运算时间对算法产生的影响。特征正交分解方法是一种非常有效的降维方法，广泛应用于偏微分方程计算中。本项目以提高随机种群模型数值计算速度为目标，拟将经典的有限差分和有限元格式与 POD 方法相结合，利用连续型的特征投影分解基函数代替分步向后 Euler 格式和 Crank-Nicolson 格式的基函数，针对随机扰动分别为 Brown 运动、G-Brown 运动、Lévy 过程和分数 Brown 运动的四类随机种群发展模型，建立一种维数较低而精度足够高的简化数值格式，讨论数值解的指数稳定性，并给出基于 POD 方法的解与经典数值解的误差估计。

杨庆凤

1980年10月出生。博士，能源化工重点实验室副教授，主要从事无机材料专业的教学与研究工作。国家自然科学基金2014年地区基金获得者。

项目名称 （项目编号：21461020）

基于芴衍生物配体的MOFs可见光催化剂的设计合成及其降解有机污染物的研究

项目简介

针对传统光催化剂光响应范围窄、太阳能利用率低的问题，本项目选取光催化活性的金属离子与具有有机大π键共轭体系的芴衍生物配体进行反应，用共轭有机配体的天线效应，敏化或增强金属离子的光催化活性，通过金属离子与不同共轭配体的配位来调控MOFs的能带间隙，力求获得具有较小能级差的光活性MOFs材料。研究其在光催化降解工业废水中甲醛污染物方面的催化活性，并通过性能研究开发具备高效的可见光催化性能的MOFs材料，为MOFs光催化材料的设计合成提供新的途径和一定的理论基础。

魏梦雪

1983年3月出生。博士，化学化工学院讲师，主要从事有机化学专业的教学与研究工作。国家自然科学基金2014年地区基金获得者。

项目名称 （项目编号：21462032）

若干天然石蒜科生物碱和番杏科生物碱的不对称全合成及其生物活性研究

项目简介

天然石蒜科生物碱（Amaryllidaceae alkaloids）和番杏科生物碱（Aizoaceae Alkaloids）广泛存在于自然界中，这些生物碱具有显著的生物活性和潜在的药用价值，但由于从石蒜科植物和番杏科植物中提取分离这些化合物代价十分昂贵，况且可供利用的天然植物资源又非常有限，因此开展这些生物碱及其相关衍生物的化学合成研究，是目前进一步发掘利用它们的药用价值、造福人类的唯一有效手段。本项目围绕石蒜科和番杏科生物碱的不对称合成，选择生物活性较好的石蒜科生物碱及番杏科生物碱作为目标分子，期望发展一种方法学导向的"多样性合成"策略。

苏暐光

1981 年 12 月出生。博士，能源化工重点实验室助理研究员，主要从事物理化学（催化化学）方面的教学与研究工作。国家自然科学基金 2014 年地区基金获得者。

项目名称 （项目编号：21463018)

Cu、Cu-Ag 纳米晶胶体催化丙烯氧气环氧化反应的晶面、尺寸与协同效应研究

项目简介

利用氧气直接进行丙烯环氧化生产环氧丙烷是最理想最经济的方法。Cu 纳米晶胶体的微观结构形貌能够可控合成，活性位均一，催化剂表面酸碱性降低，传质传热速率加快，有利于提高丙烯氧气环氧化性能。本项目拟合成不同微观形貌的 Cu 纳米晶胶体，深入研究表面晶面效应、量子尺寸效应等对环氧丙烷选择性和生成速率的影响；分析 Cu-Ag 双金属纳米晶表面电子密度随催化剂结构组成的变化规律，揭示双金属协同作用促进丙烯环氧化反应的微观本质；通过原位结构表征和量化计算，揭示催化剂的微观结构、组分含量、双金属协同效应等与丙烯双键活化以及亲电性氧物种形成机理之间的相互联系，模拟环氧化活性中心的微观结构。

梁 军

1977 年 9 月出生。博士，化学化工学院副教授，主要从事环境化学／物理化学方面的教学与研究工作。国家自然科学基金 2014 年地区基金获得者。

项目名称 （项目编号：21463019)

锗酸锌基固溶体光催化材料的设计制备和性能研究

项目简介

项目针对现有材料的 CO_2 光转化效率低和选择性差等问题，基于半导体能带工程设计思路，提出采用绘制（赝）三元相图探寻锗酸锌基固溶体（区）的思想，设计并制备新型锗酸锌基固溶体。研究不同含量和材料组成的固溶体体系对半导体能带结构的影响；研究分析不同固溶体体系的系列固溶体光催化剂性能的变化；研究催化剂电子结构、反应物分子吸附性能以及反应活性和产物分布之间的相互关系。阐明 CO_2 在催化剂上的活化机理，揭示锗酸锌基固溶体光催化剂组分协同机制与光活性的本质关系，为 CO_2 还原高效光催化材料的设计制备、改善半导体光催化性能实验方法的建立以及 CO_2 光还原转化的实际应用提供理论指导。

刘翔宇

1983 年 4 月出生。博士，化学化工学院讲师，主要从事材料化学的教学与研究工作。国家自然科学基金 2014 年地区基金获得者。

项目名称 （项目编号：21463020）

芳香羧酸调控的叠氮铜分子基磁性配合物的构筑及相变机理的热力学研究

项目简介

磁学二级相变引起物质热力学性质的变化，选择铜离子作为顺磁中心、叠氮基作为传递磁耦合的桥联配体，引入芳香羧酸作为辅助配体并对其结构进行修饰，设计和合成新型配合物分子磁体，合理构建配体场和分子间作用力调控其结构和磁性。基于综合物性测量系统（PPMS）测定目标物的低温热容，获得相变温度和热容的突变量，与磁性测量结果相互印证，确定热容磁贡献的理论拟合模型，利用热容在磁体相变时扮演的重要且唯一的角色，探寻叠氮铜配合物分子磁体低温下磁转变与热容的关系，揭示自发磁化过程中的磁转变机理及热力学驱动内因。系统研究对开发高性能分子基磁体及揭示二级相变过程中磁热效应的本质具有重要意义。

李媛媛

1980 年 8 月出生。博士，能源化工重点实验室副教授，主要从事化学专业的教学与研究工作。国家自然科学基金 2014 年地区基金获得者。

项目名称 （项目编号：21465019）

聚合物 / 纳米粒子 /SiO_2 三明治结构的新型手性固定相的制备及分离手性药物对映体的研究

项目简介

手性药物的拆分，对研究手性药物的药动学过程、药理和毒理作用机制、控制手性药物质量等都具有非常重要的意义。本项目将纳米粒子引入传统硅胶填料，制备一种新颖的聚合物 / 纳米粒子 /SiO_2 三明治结构的核壳手性液相色谱固定相。这种结构的色谱填料结合传统填料和纳米材料的优点，对映体的拆分具有协同效应。将其用于生物碱等重要的手性药物对映体的拆分，并系统地研究该固定相的拆分机理以及纳米材料在手性对映体拆分中的作用和行为。

马清祥

1980 年 4 月出生。博士，天然气转化国家重点实验室讲师，主要从事二氧化碳转化和煤化工基础研究工作。国家自然科学基金 2014 年地区基金获得者。

项目名称 （项目编号：21466030）

具有协同作用的铜基石墨烯—氧化锌膜催化剂的制备及其在催化二氧化碳加氢合成甲醇中的应用

项目简介

二氧化碳催化加氢合成甲醇是实现二氧化碳有效利用的理想途径之一。然而，目前此催化反应过程二氧化碳的转化率和生成甲醇的选择性均很低，这无疑制约了催化转化技术的工业化应用。本项目在前期研究基础上，采用化学还原和溅射技术，设计制备具有一定结构的铜基石墨烯—氧化锌膜催化剂；研究铜基石墨烯—氧化锌膜催化剂的结构因素与催化活性和甲醇选择性间的内在联系，揭示催化剂复合载体与活性组分间协同作用机理，最终获得高活性和高选择性的二氧化碳加氢新型催化剂，为实现工业上二氧化碳的高效利用提供理论基础和技术支撑。

毕淑娴

1981 年 10 出生。硕士，化学化工学院讲师，主要从事物理化学方面的教学与研究工作。国家自然科学基金 2014 年地区基金获得者。

项目名称 （项目编号：21467022）

基于处理煤化工难降解污水的双亲性复合材料固定微生物体系的设计与应用

项目简介

本项目针对宁夏煤化工污水处理中微生物训化及繁殖中载体的容量偏小、生物种群数量及活性适宜性差的问题，以纳米生物相容性良好的无机粒子为核，以疏水性及亲水性官能团的导向性与定向性植入为结构特征，以双亲性分子有序自组装的固定微生物材料为壳，可控制备出核—壳结构的双亲性有序聚集体；通过模拟微生物结构特征的探针蛋白质等超分子生物体系的材料特征及其构筑方法研究，探究无机—有机杂化材料固定化微生物而形成的降解难处理化工污水，揭示材料的生物相容性与污水降解的活性之间的构效关系，阐明双亲性复合材料固定微生物体系在高毒性酚类等污水处理中的作用机理、响应机制等。

马玉龙

1965 年 9 月出生。博士，享受国务院政府特殊津贴，国家"百千万人才工程"第一、第二层次人选，教育部"新世纪优秀人才支持计划"人选，自治区"新世纪 313 人才工程"人选，主要从事应用化学、水资源利用与化学化工等的教学与研究工作。国家自然科学基金 2010 年、2014 年地区基金获得者。

项目名称 （项目编号：21467023）

化学氧化与生物降解联合消除药渣残留四环素的机制研究

项目简介

本项目首先用 O_3/Naclo 耦合处理四环素药渣，在氧化降解四环素的同时，大幅度降低其对后续处理微生物的抑菌和毒副作用；然后再用降解菌降解经氧化后的四环素中间产物，并通过对四环素分子结构中被化学氧化和生物降解关键位点和键断顺序的动态解析，降解产物的组成、结构、归趋及特性，降解过程的限速步骤和降解动力学等的研究，并从微观上计算和模拟复杂环境与界面条件下四环素与氧化剂相互作用的本质，从而提出化学氧化与生物降解联合消除药渣中残留四环素的分子机制，并获得降解药渣残留四环素的方法。

史 娟

1964 年 12 月出生。博士，农学院教授，主要从事草地植物病理学方面的教学与研究工作。国家自然科学基金 2007 年、2014 年地区基金获得者。

项目名称 （项目编号：31460033）

苜蓿褐斑病菌侵染过程的蛋白质组学研究及其功能分析

项目简介

该项目为从蛋白质水平解析 Pseudopeziza medicaginis（Lib.）Sacc 侵染苜蓿叶片的细胞学事件。在充分认识 P. medicaginis 生物学特性和侵染过程的基础上，综合运用双向电泳技术（2-DE）、质谱技术（MALDI-TOF-TOF/MS）和生理学方法，系统研究 P. medicaginis 生长发育及侵染苜蓿叶片过程中生理代谢和致病差异蛋白质组、相关差异蛋白基因克隆和表达。通过生物信息学分析，分析鉴别关键差异（特异）蛋白功能模块或蛋白可能的生物学功能；克隆部分与生长发育和致病相关的差异蛋白基因，进行生物信息学分析，研究其原核表达。这为揭示 P. medicaginis 致病的分子机制，探讨 P. medicaginis 成功侵染寄主采取的独特侵染策略奠定了基础。

李　敏

1973 年 7 月出生。博士，生命科学学院教授，主要从事细胞生物学的教学与研究工作。国家自然科学基金 2014 年地区基金获得者。

项目名称 （项目编号：31460039）

自噬在绵羊肺炎支原体感染巨噬细胞中的作用及调控机理研究

项目简介

绵羊传染性胸膜肺炎，是由绵羊肺炎支原体（MO）引起的接触性传染病。有关 MO 致病机制的研究相对滞后，尤其是其与宿主细胞自噬之间的关系尚未见报道。本项目拟在体外条件下，以 MO 标准株 Y98 株感染鼠巨噬细胞系，自噬在 MO 感染过程中的形成机制，检测自噬对 MO 的清除影响以及 IFN-γ 对巨噬细胞自噬的影响。通过本项目的开展，对自噬在 MO 感染巨噬细胞中的作用及调控机制进行初步研究，并探讨在体内条件下，自噬对 MO 感染引发的免疫应答的影响。本项研究结果将有益于阐明 MO 的致病机制及针对绵羊传染性胸膜肺炎的预防与治疗。

陈　任

1963 年 5 月出生。博士，生命科学学院教授，主要从事植物分子生物学与基因工程的教学与研究工作。国家自然科学基金 2014 年地区基金获得者。

项目名称 （项目编号：31460062）

顺式—异戊烯基转移酶与橡胶粒子膜蛋白在杠柳天然橡胶生物合成中的作用机制研究

项目简介

杠柳是北方干旱地区主要的野生灌木，其乳管具有橡胶生物合成能力，非常适合于我国作为生产天然橡胶的替代植物。本项目通过对其乳管乳汁的蛋白质组分析，确定与杠柳橡胶分子合成有关的橡胶粒子膜蛋白；利用体外酶活性测定探明顺式—异戊烯基转移酶与这些膜蛋白的互作关系；利用免疫组化方法分析其在橡胶粒子发育过程中的表达规律；利用转基因技术验证其在植物体内的整体功能，从而揭示杠柳橡胶分子的生物合成机制并为今后利用基因工程把杠柳培育成为我国大部分地区能够栽培的、生产天然橡胶的替代植物提供理论依据。

陈 林

　　1983 年 8 月出生。硕士，西部生态与生物资源开发联合研究中心助理研究员，主要从事恢复生态学／种间关系的教学与研究工作。国家自然科学基金 2014 年地区基金获得者。

项目名称 （项目编号：31460123）

　　荒漠草原区中间锦鸡儿的化感作用及其对资源竞争的影响

项目简介

　　化感作用是植物生态系统中普遍存在且值得重视的问题，是植物间生存竞争的一种重要方式。宁夏荒漠草原人工灌草复合系统中间锦鸡儿与紫花苜蓿竞争过程中存在的化感作用和机制及其资源竞争能力尚不清楚，本项目以化感作用为切入点，研究荒漠草原中间锦鸡儿对紫花苜蓿的化感作用，分析其化感作用阈值范围，分离和鉴定出对靶标植物的主要化感物质，辨识两者间化感作用和资源竞争效应，进而揭示其化感作用机制，为荒漠草原人工建置灌草复合系统提供理论依据和实践指导。

杨新国

　　1976 年 8 月出生。博士，西部生态与生物资源开发联合研究中心副研究员，主要从事恢复生态学的教学与研究工作。国家自然科学基金 2011 年、2014 年地区基金获得者。

项目名称 （项目编号：31460161）

　　旱化成龄柠条补偿生长与土壤水分的平衡调节机制

项目简介

　　本项目以荒漠草原旱化成龄人工柠条为对象，从小降水事件和枝、细根等功能构件入手，采用田间控制与室内模拟实验相结合的方法，分别开展补偿生长与土壤水分环境动态及其关系格局、小降水事件在灌丛—土壤系统的转化利用与功能构件动态等方面的控制模拟实验研究，分析枝系构型与灌丛茎流集水、土壤水分有效性与细根分布动态间的相互关系，阐明柠条对小降水事件的相对利用程度及其制约因素和作用机制，综合分析基于小降水事件的补偿生长与土壤水分环境平衡关系的功能构件调节机制与途径，探究有效改善旱化成龄柠条补偿生长并维持土壤水分环境相对稳定的理论依据。

韩 磊

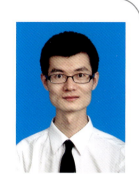

　　1985 年 5 月出生。博士，新技术应用研究开发中心副研究员，主要从事水土保持与荒漠化防治方面的研究工作。国家自然科学基金 2014 年地区基金获得者。

项目名称 （项目编号：31460220)

宁夏河东沙地防护林冠层气孔导度和水力导度协同调节冠层蒸腾的机理研究

项目简介

　　树木冠层蒸腾反映植物的水分状况及与环境的关系。蒸腾效率是一个涉及气孔导度、叶片水势和水力导度与环境因子相互作用的集合特征，单纯以气孔导度的变化难以完整描述水分通量的调节规律。本项目以宁夏河东沙地典型防护林树种为研究对象，观测林木冠层与大气的水汽交换特征，分析不同树种冠层气孔导度与大气的脱耦联系数和变异范围，阐明树木冠层蒸腾的气孔调节机理；结合叶片 / 土壤水势梯度计算的水力导度，分析水力导度影响冠层气孔导度响应水汽压亏缺的敏感性，根系与冠层间水分传输路径的水力导度对冠层蒸腾的影响，揭示水力导度和冠层气孔导度联合调节森林蒸腾的机理，为干旱半干旱区植被恢复与重建提供科学依据。

吴晓玲

　　1973 年 2 月出生。博士，生命科学学院教授，主要从事细胞生物学、细胞工程等的教学与科研工作。国家自然科学基金 2014 年地区基金获得者。

项目名称 （项目编号：31460301)

Wnt/β-catenin 信号对巨噬细胞抗结核分枝杆菌感染过程中细胞凋亡与坏死的调控机制研究

项目简介

　　巨噬细胞作为结核分枝杆菌靶细胞和宿主细胞，其命运对结核病的发生、发展及预后具有重要影响；但是，由于其相互作用过程涉及的信号通路十分复杂，其调控机制尚未阐明。基于以上研究背景，本项目首先采用 Wnt3a 条件培养基和 DKK1 处理结核分枝杆菌感染后的小鼠巨噬细胞，探讨 Wnt/β-catenin 信号通路对巨噬细胞凋亡与坏死的调控作用；进而用 caspase 抑制剂和 RNAi 技术分别抑制和沉默凋亡与坏死通路相关基因，阐明 Wnt/β-catenin 参与调控凋亡和坏死的途径，并为结核病的预防及靶向药物研制提供理论依据。

徐 青

1964 年 1 月出生。硕士，生命科学学院教授，主要从事植物发育生物学的教学与研究工作。国家自然科学基金 2011 年、2014 年地区基金获得者。

项目名称 （项目编号：31460302）

宁夏可育与不育枸杞绒毡层 PCD 过程蛋白质表达谱与细胞变化模式

项目简介

绒毡层是调控花粉发育不可或缺的重要细胞，尤其是其 PCD 过程与植物雄性育性是否正常有着直接关系。本项目以宁夏枸杞可育系与不育系绒毡层为试材，运用蛋白质组学技术与细胞生物学技术，研究枸杞绒毡层 PCD 过程的蛋白质表达变化与细胞变化规律，构建绒毡层 PCD 过程蛋白质表达下的细胞变化模式。研究结果不仅阐明了枸杞绒毡层 PCD 过程中蛋白作用下的细胞变化行为模式，而且为阐释枸杞雄性不育机理提供了科学依据，也为其他植物绒毡层研究及雄性不育机理研究提供了理论基础，具有重要的理论意义与推广价值。

章 中

1977 年 11 月出生。博士，农学院副教授，主要从事食品科学的教学与研究工作。国家自然科学基金 2014 年地区基金获得者。

项目名称 （项目编号：31460410)

高压热处理下芽孢皮层肽聚糖支架水解机理研究

项目简介

芽孢是最难杀灭的微生物，高压热杀菌技术（HPTS）能有效杀灭芽孢，同时对食品品质的影响较小。HPTS 会引起芽孢皮层肽聚糖支架水解，这是其造成芽孢死亡的一个关键原因，但 HPTS 诱发皮层肽聚糖水解的机理尚不明确。本项目以皮层裂解酶和皮层肽聚糖为切入点，对其进行 HPTS 处理，采用圆二色光谱法、傅里叶变换红外光谱法等方法分别从一级、二级、高级及超微结构等不同研究层次上揭示 HPTS 对皮层裂解酶活性的影响。同时，采用反相高效液相色谱法、基质辅助激光解吸电离飞行时间质谱法分析皮层肽聚糖的水解产物，进而揭示 HPTS 导致芽孢皮层肽聚糖支架水解的机理，有力地推动 HPTS 在食品工业中的应用。

罗瑞明

1964年1月出生。博士，农学院教授，主要从事食品科学的教学与研究工作。国家自然科学基金2010年、2014年地区基金获得者。

项目名称 （项目编号：31460431）

基于多组学技术的冷鲜滩羊肉微生物群落演替驱动机制研究

项目简介

滩羊为宁夏优势特色畜种，肉质细嫩，脂肪分布均匀，膻味很淡，加工后风味独特。目前，国内外冷鲜肉微生物研究着眼于生物多样性分析，确定优势微生物，通过选择性培养法研究优势微生物生长规律，结合肉品质感官与理化指标，建立货架期预测模型，在冷鲜肉微生物生态学领域却未做深入研究，模型以具体实验值拟合，局限性强。本项目拟采用宏基因组学技术并结合选择培养法研究冷鲜滩羊肉微生物群落演替规律，采用蛋白质组学、代谢组学、转录组学技术研究群落演替与营养、代谢组分及环境条件变化的关系，研究基因、蛋白质及其分子间相互作用，揭示微生物群落演替的内在驱动机制，为冷鲜滩羊肉加工技术创新提供理论参考。

顾沛雯

1969年10月出生。博士，农学院教授，硕士生导师，主要从事植物病理学和生物防治及微生物资源利用方面的教学与科研工作。国家自然科学基金2009年、2014年地区基金获得者。

项目名称 （项目编号：31460484）

枸杞内生真菌与宿主植物及炭疽菌互作的超微结构和细胞化学研究

项目简介

本项目拟以宁夏重要的沙生药用植物枸杞为研究对象，利用绿色荧光蛋白标记对枸杞内生真菌在宿主植物中的侵染定殖行为进行示踪。采用光学显微镜、扫描电镜、透射电镜和免疫细胞化学技术，探寻内生真菌与宿主植物互作的细胞学特征，以及在枸杞炭疽菌胁迫下内生真菌与宿主植物互作中保护酶体系、细胞壁修饰、活性氧累积等防卫反应对枸杞炭疽菌侵染的影响。在此基础上，探寻内生真菌细胞壁降解酶、抗生素等在重寄生、抗生及协同抗菌中的作用，进一步揭示内生真菌与宿主植物互惠共生的抗病机制。项目的完成丰富了我国枸杞内生菌生态与资源的研究内容，为生产上实现枸杞病害生物防治探索了一条新途径。

张雪艳

1981年3月出生。博士，农学院副教授，自治区"国内引才312计划"人才，主要从事园艺专业的教学与研究工作。国家自然科学基金2010年青年基金、2014年地区基金获得者。

项目名称 （项目编号：31460531）

柠条堆肥与枯草杆菌对黄瓜连作土壤修复作用机理研究

项目简介

针对宁夏设施黄瓜连作土壤微生物学障碍突出，土壤可持续利用受到抑制的问题，以连作黄瓜土壤为材料，设计柠条堆肥不同施用量的盆栽试验，以及3个氮素水平（传统底肥100％等效氮素含量的柠条堆肥、传统底肥75％等效氮素含量的柠条堆肥、传统底肥50％等效氮素含量的柠条堆肥）和枯草杆菌的双因素田间定位试验，系统研究各处理下植株生长、土壤碳氮矿化、土壤养分循环、微生物群落的演变规律，评价各指标与作物生产力间的关系，明确柠条堆肥的合理施用量以及其对减少氮素投入和满足作物生长的氮素供应能力，为探究堆肥与枯草杆菌作用下连作土壤微生物学障碍的修复机理、实现设施黄瓜土壤可持续利用提供依据。

王西娜

1978年9月出生。博士，农学院副教授，主要从事植物营养学的教学与研究工作。国家自然科学基金2014年地区基金获得者。

项目名称 （项目编号：31460546)

压砂地土壤氮素转化及供应与西瓜需氮规律研究

项目简介

项目主要针对压砂地土壤地力下降、西瓜施肥难和施肥不合理、西瓜品质下降等问题，通过田间定位试验和模拟实验相结合的方法，采用 ^{15}N 同位素示踪技术，研究压砂地中稳定有机氮、活性有机氮和无机氮的动态变化，揭示压砂地土壤氮素的矿化特征，探讨压砂地土壤氮素的转化规律、释放机理和供应能力；阐明压砂西瓜对氮素的吸收特点和需求规律，揭示压砂地土壤氮素供应与西瓜需求之间的矛盾，为压砂地西瓜制定合理氮肥施用制度和培肥措施提供理论依据，为压砂西瓜高产优质生产及压砂地的可持续利用提供保障。

王　锐

1981 年 10 月出生。硕士，农学院副教授，主要从事干旱区土肥水高效管理的教学与研究工作。国家自然科学基金 2014 年地区基金获得者。

项目名称 （项目编号：31460552）

调亏灌溉对贺兰山东麓半干旱区酿酒葡萄品质影响机制研究

项目简介

针对宁夏贺兰山东麓半干旱区百万亩酿酒葡萄发展过程中存在的大水漫灌引起的水资源浪费和葡萄品质不稳定等问题，采用调亏灌溉额度和调亏灌溉关键生理期相结合的方法，对调亏灌溉下酿酒葡萄生长及果实品质进行比较分析，研究调亏灌溉的合理时期和阈值，水分利用效率的提升方式和调亏灌溉引发酿酒葡萄品质提升的机制，揭示调亏灌溉与酿酒葡萄品质关键品质指示因子的相互关系，建立稳定的调亏灌溉制度，完善对应的酿酒葡萄品质监控体系，确立调亏灌溉下优质酿酒葡萄管理的技术规程，为推动贺兰山东麓及同类土质气候区酿酒葡萄节水灌溉和优质高效栽培提供科学依据。

何玉龙

1979 年 9 月出生。博士，生命科学学院副教授，主要从事细胞及发育生物学的教学与研究工作。国家自然科学基金 2014 年地区基金获得者。

项目名称 （项目编号：31460585）

滩羊皮肤毛囊特征性 miRNA 的鉴定及功能研究

项目简介

目前关于滩羊"二毛裘皮"形成的分子机制还未阐明。已知基因表达调控是被毛生长发育的决定性因素，且 miRNA 在转录后水平上调控着哺乳动物皮肤毛囊的发育过程。基于此，本项目拟以滩羊皮肤毛囊为实验材料，利用高通量测序技术分析不同发育时期皮肤毛囊中 miRNA 表达谱特征，筛选出滩羊特异性表达的 miRNA，预测并鉴定其靶基因，最终阐明特异性 miRNA 在滩羊皮肤毛囊发育过程中的分子调控机制，揭示其对滩羊皮肤毛囊生长发育的影响。本项目的实施为快速、准确选育优质高产滩羊品系提供分子标记，也为人工调控裘皮的高效优质生产提供技术支撑。

徐晓锋

1978 年 2 月出生。博士，农学院副教授，主要从事动物营养与饲料科学的教学与研究工作。国家自然科学基金 2014 年地区基金获得者。

项目名称 （项目编号：31460619）

寡糖对奶牛瘤胃纤维降解影响机制及乳脂下降综合症调控的研究

项目简介

本项目拟采用体外和体内相结合的方法，应用变性梯度凝胶电泳和 16S rDNA 序列分析技术、Real-time PCR 以及相关酶活性分析技术，揭示寡糖对瘤胃微生物区系、菌群多态性的影响规律，通过瘤胃 VFA 及组成、乳酸、淀粉分解菌、乳酸利用菌以及产乳酸菌菌群的变化，揭示寡糖对瘤胃 pH 值影响的作用机理；通过瘤胃纤维降解菌群、纤维降解酶基因表达的多态性及相关酶活性分析，阐明寡糖对瘤胃纤维降解影响的作用机制，明确寡糖对奶牛乳脂下降综合症的调控作用。

辛国省

1979 年 4 月出生。博士，生命科学学院副教授，主要从事动物营养生理的教学与研究工作。国家自然科学基金 2011 年青年基金、2014 年地区基金获得者。

项目名称 （项目编号：31460623)

青藏高原牦牛被动食土及其矿物元素补充的应用基础研究

项目简介

为进一步认识牦牛被动食土特征、影响因素及其潜在的营养学问题，本项目拟在前期研究成果——食盐 / 盐砖补饲解决牦牛主动舔食土的基础上，利用钛元素作为内标物测定牦牛被动食土量；研究牦牛被动食土量在不同季节、植被类型、牧草高度、盖度、载畜量等草地特征条件下的变化规律，揭示被动食土与放牧草地特征因子的关系，探讨牦牛被动食土的草地特征；通过研究被动食土量及土壤元素含量特征，结合牧草及牦牛矿物元素分析，探讨调控补饲牦牛矿物添加剂中元素的含量及比例构成；基于上述研究成果，开展牦牛矿物元素补充的应用研究，探索放牧牦牛矿物元素添加剂的试制和补饲策略，提高放牧牦牛矿物营养和生产力水平。

许冬梅

1970 年 12 月出生。博士，农学院教授，主要从事草业科学的教学与研究工作。国家自然科学基金 2009 年、2014 年地区基金获得者。

项目名称 （项目编号：31460624）

封育对宁夏荒漠草原土壤有机碳库及其稳定性的影响

项目简介

本项目以宁夏荒漠草原自然恢复的围封草地为对象，以土壤有机碳稳定性为核心，系统研究退化草地不同恢复阶段土壤有机碳及其组分含量在土壤剖面及不同粒径团聚体中的分布、土壤结构与有机碳物理保护作用的关系、土壤有机碳分异及其来源和转化、土壤有机碳分解及温度敏感性等；探讨封育草地不同恢复阶段土壤有机碳库及其稳定性变化，旨在为草地生态系统碳增汇／减排技术和生态系统管理提供理论指导。

马红彬

1975 年 8 月出生。博士，农学院教授，自治区"新世纪 313 人才工程"人选，主要从事草业科学方面的教学与研究工作。国家自然科学基金 2010 年青年基金、2014 年地区基金获得者。

项目名称 （项目编号：31460632）

宁南黄土丘陵区典型草原土壤性状对地表扰动植被恢复的响应

项目简介

宁南黄土丘陵区典型草原是宁夏的重要牧业基地和生态屏障，多年来该区在生态恢复中大面积采用了水平沟和鱼鳞坑等措施建设植被，影响了土壤性状及植被自然恢复。项目以宁夏黄土丘陵区典型草原中实施的封育、水平沟和鱼鳞坑三种主要植被恢复措施为研究对象，通过调查不同恢复年限各修复措施影响下的土壤理化性状、土壤生物学特性、土壤种子库和草地植物群落变化特征，分析土壤性状、土壤种子库和草地植被耦合关系，探讨土壤性状变化对植被恢复演替的影响，阐明地表扰动生态修复措施对典型草原土壤性状影响效应，评价封育、水平沟和鱼鳞坑三种修复措施的生态恢复效果，旨在为黄土丘陵区退化草原生态恢复提供理论依据。

王玉炯

　　1963 年 1 月出生。博士，生命科学学院教授，博士生导师，国务院政府特殊津贴专家，国家"百千万人才工程"第一、第二层次人选，教育部骨干教师人才计划人选，主要从事分子微生物学的教学与研究工作。国家自然科学基金 2000 年面上项目，2005 年、2008 年、2011 年、2014 年地区基金获得者。

项目名称　（项目编号：31460660）

绵羊肺炎支原体荚膜多糖诱导宿主细胞的免疫学特征和损伤机制研究

项目简介

　　由于目前对绵羊肺炎支原体的毒力因子研究不够充分，导致对该菌致病的分子机理和有效防治措施的研究严重滞后。为此，本项目拟对 MO 模式株 Y98 菌体荚膜多糖的组成与结构进行初步分析，利用滩羊支气管上皮细胞气液相培养模型、原代肺泡巨噬细胞和小鼠肺脏体内模型研究该菌荚膜多糖粘附宿主细胞和定居呼吸道上皮的作用，进而对上皮细胞和肺泡巨噬细胞在抗 MO 感染过程中的免疫学反应和细胞氧化损伤等生物学作用机制进行研究，以期进一步揭示绵羊肺炎支原体荚膜多糖的结构与功能、宿主—病原相互作用关系，以及绵羊肺炎支原体的致病机理。

周学章

　　1969 年 3 月出生。博士，西部特色生物资源保护与利用教育部重点实验室教授，自治区"国内人才 312 计划"人选，主要从事兽医药理与毒理学的教学与研究工作。国家自然科学基金 2010 年、2014 年地区基金获得者。

项目名称　（项目编号：31460676）

苦参碱干预金黄色葡萄球菌主要毒力因子诱导奶牛乳腺上皮细胞凋亡机制研究

项目简介

　　在分离鉴定乳房炎金黄色葡萄球菌基础上，检测金黄色葡萄球菌毒力基因和分布特点；建立并利用乳腺上皮细胞培养体系，研究毒力因子对乳腺上皮细胞的凋亡途径；检测苦参碱对金黄色葡萄球菌及主要毒力因子作用特点和机理；扩增细菌主要毒力基因，应用实时定量 PCR 分析药物对毒力基因转录调控水平的影响；检测苦参碱和毒力因子对乳腺上皮细胞通路调控影响；通过表达细菌主要毒力蛋白，研究蛋白、药物和乳腺上皮细胞之间的相互作用规律，从而揭示苦参碱干预细菌主要毒力因子对乳腺上皮细胞凋亡的作用和机理。

王亚娟

1978 年 3 月出生。博士，资源环境学院副教授，主要从事环境评价的教学与研究工作。国家自然科学基金 2014 年地区基金获得者。

项目名称　（项目编号：41461039）

宁夏生态移民安置区生态风险及其空间分异研究

项目简介

本项目属地理学、生态学和环境科学等学科交叉研究领域。以宁夏"十二五"确定的生态移民安置区为研究对象，在科学划分生态移民安置区类型区和选择典型样本的基础上，建立基于 GIS 和 Zonal Statistics 工具统计数据库。建立生态风险综合评价指标体系，构建面向生态移民安置区信息不确定性和模糊性的正态云模型和熵权法的综合评价模型，计算出研究区空间各点的综合生态风险值，绘制生态风险值分布图，通过 GIS 实现生态风险评价结果的可视化，反映和提供生态风险格局及其空间异质性的解释框架，为研究区及类似地区生态移民安置区生态环境管理与生态安全建设提供科学的理论依据和决策支持。

宋乃平

1963 年 7 月出生。博士，西北土地退化与生态恢复国家重点实验室培育基地教授，博士生导师，国务院政府特殊津贴专家，国家"百千万人才工程"第一、第二层次人选。长期从事荒漠草原土地退化及生态恢复方面的教学与研究工作。国家自然科学基金 2005 年、2009 年、2014 年地区基金获得者。

项目名称　（项目编号：41461046)

"土岛"对荒漠草原植被恢复的作用与机理研究

项目简介

由于风蚀沙化，残留在荒漠草原的灰钙土或其母质片断化生境——土岛——成为地带性植物保留地、植被恢复的种源地和参照系统，挖掘其生态价值对于本区生物多样性保护和生态恢复具有重大意义。本项目选择土岛分布较多的典型区域，通过大样本量土岛植物和环境因子调查，运用 Jaccard 指数评价土岛的植物相似性，建立不同尺度等级的土岛序列；采用样线调查结合统计学和地统计学方法，研究不同尺度等级中单个土岛的植物和环境因子空间异质性，并用冗余分析确定影响地带性植物种群的主要环境因子及其扩散性能；进而针对针茅、冰草、牛枝子等单优种群斑块，运用野外观测法和逐步回归法，评价其植物—土壤系统的水分和养分蓄积功能，探讨地带性植物与土岛结合的适宜性。

张明鑫

1980 年 5 月出生。博士，资源环境学院讲师，主要从事人文地理的教学与研究工作。国家自然科学基金 2014 年地区基金获得者。

项目名称 （项目编号：41461098)

地理环境对人体血压生理指标参数和心脑血管健康的影响研究

项目简介

本项目计划从大中小三个尺度开展研究。大尺度的区域研究将以我国所有省会城市为例收集数据开展研究。研究不同性别和年龄段人口血压生理指标参数在全国的地域分布规律，以及我国心脑血管疾病发病率与区域地理环境因素之间的关系。中尺度研究将以宁夏为例开展研究。通过以区内城市和自然保护区内不同性别、年龄人群为例，研究区内正常人血压生理指标参数分布规律及心脑血管疾病病率与大气污染物含量之间的关系。小尺度区域研究将以实验室为例，以自发性高血压大鼠为例，研究地理环境因素对自发性高血压大鼠血压参数和心脑血管发病率的影响。

王幼奇

1980 年 12 月出生。博士，资源环境学院副教授，主要从事环境科学的教学与研究工作。国家自然科学基金 2014 年地区基金获得者。

项目名称 （项目编号：41461104)

宁夏中部旱区压砂地土壤干燥化特征及驱动机制

项目简介

针对随压砂地使用年限增加其土壤水分快速下降、土壤干燥化加剧的现象，以宁夏中部旱区压砂土壤为研究对象，结合野外调查、定位监测和室内模拟等手段，借助统计分析、模型分析和 GIS 方法，深入开展宁夏中部旱区压砂土壤水分时空变化特征研究，探究其变化规律、驱动因子及分布特征。初步建立压砂土壤干燥化量化指标体系，分析压砂地干燥化程度、土壤干层分布深度及广度，阐明压砂土壤干燥化过程中土壤水分时空变化特征以及其与压砂状况、土壤、气候、地形、植被类型等的响应程度，提出基于土壤水分安全承载下较为合理的压砂粒径和压砂厚度，建立压砂土壤水分指标空间数据库，揭示压砂土壤干燥化演化过程。

苗 红

1975 年 11 月出生。博士，资源环境学院副教授，硕士生导师，主要从事旅游规划、区域可持续发展等的教学与研究工作。国家自然科学基金 2014 年地区基金获得者。

项目名称 （项目编号：41461119）

宁夏生态移民生存空间脆弱性评价及其可持续构建

项目简介

本项目以宁夏为研究区，对生态移民生存空间，以生态移民特定群体为中心的人地耦合系统进行脆弱性分析、定量评价和可持续构建，是基于实证的中观—微观尺度人地关系集成研究。采用函数模型评价法对脆弱性指征要素进行定量评价，识别其脆弱程度和决定因子，分析时空格局特征与成因，探寻影响生存空间脆弱性的外部与内部因素与作用机理；进而提出减轻和消除生态移民生存空间脆弱性的措施与建议，构建可持续生存空间。旨在解释人地关系演变过程与机理，探索人地耦合系统可持续发展路径，对宁夏乃至西北民族地区生态移民的贫困减轻、生存质量提高、后续发展与社会和谐稳定都有着重要的理论与实践价值。

王红雨

1961 年 12 月出生。博士，土木与水利工程学院教授，博士生导师，主要从事水工结构工程和岩土工程的教学与研究工作。国家自然科学基金 2010 年、2014 年地区基金获得者。

项目名称 （项目编号：41462010）

明流冲刷与渗流潜蚀共同作用下土工袋固坡模式及应用研究

项目简介

以跨越南部黄土丘陵山区、中部干旱带和北部盐渍化分布区三个不同地理环境的宁夏引（扬）黄灌区的支、斗级 U 形渠道为研究对象，选择典型区域渠道试验段布置观测网，采用现场试验观测与理论分析研究相结合的方法，探索不同自然环境中灌溉渠道防渗衬砌结构抗冻胀破坏性状。重点研究渠道衬砌结构受冻融循环作用时的横向和纵向变形规律，建立考虑双向（横向和纵向）冻胀变形的渠道衬砌结构冻胀破坏力学模型和数值模拟计算模型，研发适应本地环境的抗冻胀性能优越的大跨度整体结构的 U 形混凝土衬砌渠道，为缓解干旱缺水地区水资源供需矛盾，实施高标准基本农田建设，促进现代农业持续稳定发展提供技术支持。

王海龙

1982年10月出生。博士，物理电气信息学院副教授，宁夏"海外引才百人计划"入选者，主要从事材料科学与工程的教学与研究工作。国家自然科学基金2014年地区基金获得者。

项目名称　（项目编号：51462029）

空位缺陷结合掺杂金属离子对 $LiNi_{0.5}Mn_{1.5}O_4$ 正极材料高功率电化学性能的影响及机理研究

项目简介

锂离子动力电池是电动汽车中的关键技术，正极材料的电位、容量和快速充放电性能很大程度上决定了锂离子电池的功率性能。$LiNi_{0.5}Mn_{1.5}O_4$ 具有很高的电位和可观的容量，在锂离子动力电池领域有很好的应用前景，但在快速充放电条件下，其性能急剧恶化，晶体结构特性和较差的导电性是其性能恶化的重要原因。本项目提出空位缺陷与掺杂金属离子相结合的方法，利用空位缺陷对于晶体结构和导电性的影响，结合不同金属离子的独特掺杂效果，改善 $LiNi_{0.5}Mn_{1.5}O_4$ 的晶体结构特性和导电性；系统研究该方法对于晶体结构特性、导电性和电化学性能带来的影响规律及其机理，为 $LiNi_{0.5}Mn_{1.5}O_4$ 性能的进一步改善提供理论和实验基础。

王泽云

1983年9月出生。博士，化学化工学院讲师，主要从事物理化学的教学与研究工作。国家自然科学基金2014年地区基金获得者。

项目名称　（项目编号：51465049）

电场工况下导电离子液体润滑脂的设计及摩擦学规律研究

项目简介

面对接触电阻过大、国防工业等大型机械装备及微/纳机电系统使用质量和服役寿命的共性问题，发展高性能、无腐蚀的离子液体导电润滑脂及发现导电润滑脂摩擦学规律及其减摩抗摩机制是新型润滑材料在摩擦学领域研究的热点和重点之一。本项目以离子液体分子可设计性和界面摩擦化学为指导思想，兼顾双咪唑的耐高温性、季膦盐的高油溶性及锂离子液体，以聚四氟乙烯为稠化剂，可控制备高性能无腐蚀离子液体基润滑脂，开展电场工况下离子液体基润滑脂分子结构及其摩擦学规律研究，揭示电场工况下导电离子液体润滑脂的润滑抗摩机理，建立高性能导电离子液体基润滑脂分子可剪裁设计理论。

朱 健

1975 年 6 月出生。博士，土木与水利工程学院副教授，主要从事防灾减灾与防护工程的教学与研究工作。国家自然科学基金 2014 年地区基金获得者。

项目名称　（项目编号：51468050）

基于组合的地震易损性与钢筋混凝土结构工程全寿命周期地震损失成本分析研究

项目简介

近年来在西太平洋地区发生的一系列重大自然灾害给我们敲响了警钟，由于中国没有设立地震等巨灾保险制度体系，基本上是靠中央政府举全国之力来进行经济援助。基于此，本项目从以下研究要点——地震概率危险性研究、性能水平的定义、动力易损性分析、参数概率敏感性分析、全周期经济成本评估——入手，分析和探讨本项目的研究步骤和研究意义，设计包含基础隔震和消能减震方案在内的典型结构模型，对比研究工程结构全周期地震维护成本及维护加固优化方案。项目紧贴我国西部地区多地震、高烈度、高风险的实际情况和紧迫工程应用，以基础和实用的研究来保证本项目的实施。

王 芳

1982 年 12 月出生。博士，土木与水利工程学院副教授，主要从事交通运输工程的教学与研究工作。国家自然科学基金 2014 年地区基金获得者。

项目名称　（项目编号：51468051）

基于驾驶员视觉特性的荒漠草原公路长直线段对行车安全影响研究

项目简介

本项目针对荒漠草原公路、视觉信息负荷和累积视觉疲劳影响，以行车试验为基础，以数据分析和建模为手段展开研究。通过对行车数据和眼动参数的采集及"视觉兴趣区"和"视觉信息量"模型的建立，在微观上分析典型路段"单位时间视觉兴趣区"指标变化和"瞳孔直径近似熵"与"视觉信息量"关系模型，在宏观上进一步确定随时间累积和线形累积条件"单位时间视觉兴趣区"指标变化和"瞳孔直径近似熵"与"视觉信息量"关系模型变化，分别确定长直线段对驾驶员视觉搜索稳定性、视觉信息荷载匹配性和视觉疲劳累积性的影响机理，并应用极值定理和拉格朗日中值定理确定直线段长度合理值，为荒漠草原公路线形设计指标的修订提供依据。

杨秋宁

1972 年 8 月出生。博士，土木与水利工程学院副教授，宁夏"海外引才百人计划"入选者，主要从事桥梁工程的教学与研究工作。国家自然科学基金 2014 年地区基金获得者。

项目名称 （项目编号：51468052）

基于移动轮载试验的钢筋混凝土桥面板疲劳破坏机理研究

项目简介

本项目以 Matsui 力学模型为基础建立新的力学模型，对比定点荷载、移动轮荷载和真实轮荷载作用下桥面板疲劳破坏试验数据，校核和完善所建立的力学模型，完善我国混凝土桥梁面板构件设计公式，揭示桥面板在移动荷载下的疲劳破坏机理，对桥面板发生疲劳变形时的疲劳寿命进行评估，从而为大型桥梁的构件体系进行有效的设计提供理论指导，为改善超大型桥梁的结构受力性能、超大跨度桥梁的设计理论和建设奠定基础。

马海龙

1976 年 3 月出生。博士，民族预科教育学院副教授，从事固体废弃物的资源化利用及新型建筑材料的研究工作。国家自然科学基金 2014 年地区基金获得者。

项目名称 （项目编号：51468053）

新型电石泥渣壳层陶粒制备及其对混凝土增强机制研究

项目简介

电石—乙炔法生产聚氯乙烯等产生的电石泥渣数量巨大，导致环境污染严重，其资源化利用的研究意义重大。本项目以宁夏地区工业生产中产生的电石泥渣为主要原料，开展水热合成法制备高性能壳层硅酸盐陶粒研究。对影响陶粒物理性能及力学性能的壳层厚度、壳层组成及壳层结构设计等主要因素进行研究，深入探讨这种承重结构用新型陶粒混凝土的力学性能和耐久性能（抗冻性、抗渗性和收缩性能），探明其在承重结构中应用的关键科学问题。研究壳层硅酸盐陶粒和砂浆基体间的界面问题和协同增强机制，对壳层增强陶粒及其混凝土物理性能和力学行为进行阐述及机理探讨，为壳层陶粒用于结构混凝土提供理论依据，为其他固体废弃物的资源化利用开辟新的研究视角。

杨文伟

1967 年 10 月出生。博士，土木与水利工程学院教授，主要从事结构工程的教学与研究工作。国家自然科学基金 2009 年、2014 年地区基金获得者。

项目名称 （项目编号：51468054）

钢管桁架结构加强型 K 节点抗震破坏机理及设计对策

项目简介

宁夏地处强震区，建筑设防烈度高，同时大跨度空间结构在防灾减灾方面的地位突出。本项目拟定以大跨度建筑中设计师青睐的钢管桁架结构为研究对象，研究加强型搭接节点的滞回性能。节点是钢管桁架结构的关键部位，也是地震作用耗散能量的部位，只有了解其在低周往复荷载作用下的滞回性能才能正确评价钢管结构的抗震性能。通过本项目的研究可以极大丰富现行设计规范的研究基础，对提高宁夏及西部钢管结构的设计与施工水平将产生深远的影响。节点隐藏焊缝不焊接，不但节约投资，优化了施工工艺，还可以在大型公共建筑中进行推广应用。

田军仓

1958 年 3 月出生。土木与水利工程学院教授，博士生导师，国务院政府特殊津贴专家，国家"百千万人才工程"第一、第二层次人选，教育部骨干教师人才计划人选，教育部"长江学者与创新团队计划"带头人。主要从事农田水利工程、水利水电工程的教学和科研工作。国家自然科学基金 2007 年、2014 年地区基金获得者。

项目名称 （项目编号：51469027）

水肥气热耦合灌溉温室番茄增产机理和品质及模型研究

项目简介

本项目针对温室水肥气热耦合灌溉通量相互作用的科学问题，采用多学科交叉研究，理论和试验相结合，试桶、试坑、室内实验和小区试验相结合的技术路线，以回归通用旋转组合设计、计算机数值模拟为手段，开展温室水肥气热耦合灌溉对番茄增产机理和品质及其数学模型影响的研究，阐明膜下滴灌条件下水肥气热耦合灌溉番茄的增产机理、提升番茄品质的机理，揭示温室水肥气热耦合灌溉条件下番茄的需水需肥规律，建立温室水肥气热耦合灌溉数学模型，确定温室水肥气热耦合灌溉各因素优化组合方案，为温室水肥气热耦合灌溉推广和设施农业发展提供理论依据。

刘国军

1978 年 2 月出生。博士，数学计算机学院副教授，主要从事图像处理的数学方法及其应用方面的教学与研究工作。国家自然科学基金 2014 年地区基金获得者。

项目名称 （项目编号：61461043）

基于深度学习的四元数小波彩色图像质量评价及其应用

项目简介

已有的彩色 IQA 方法大多采用色度和亮度分离策略，过于简化了它们之间复杂的多层非线性相关性。本项目拟采用系统研究的理念，利用四元数及其相关理论设计深度学习框架下的全参考型和无参考型彩色 IQA 模型和算法。主要内容包括：利用纯四元数表示彩色图像，构建基于深度学习的四元数小波（QW）彩色 IQA 模型和算法，并将新的彩色 IQA 方法应用于彩色图像滤波、分类等问题。本项目有望获得物理意义清晰、数学理论可靠、计算简单有效、适合于不同失真类型的 IQA 方法。

张　成

1955 年 6 月出生。物理电气信息学院教授，主要从事信息领域的教学与研究工作。国家自然科学基金 2014 年地区基金获得者。

项目名称 （项目编号：61461044）

极化干涉 SAR 对小麦的回波响应机理研究

项目简介

本项目首先在小麦植株三维结构建模的基础上，依据平均场近似原理、SAR 成像和散射相互作用机制，开展小麦极化相干散射机理研究，并通过高效并行的极化干涉 SAR 回波信号生成，完成全极化干涉数据获取。经过相干成像和极化干涉处理，研究并得到小麦的极化特性和相关特性，从而建立小麦的生物物理参数与极化干涉 SAR 观测量之间的数值关系，为小麦生物物理参数的微波遥感定量反演奠定基础。尝试解决微波定量遥感过程中，利用观测值完成生物量反演的核心——建立解析物理模型十分困难的问题，为我国极化干涉 SAR 微波遥感设备系统研制提供依据。

胡钢墩

1959年12月出生。硕士，物理电气信息学院教授，主要从事电气工程自动化教学与研究工作。国家自然科学基金2014年地区基金获得者。

项目名称 （项目编号：61463043）

仿生沙基机器人二维运动C形腿数学模型的建立及自适应控制的研究

项目简介

本项目着重研究二维运动C形腿与轮沙作用的数学模型，揭示轮沙作用的机理，为优化设计二维运动C形腿提供理论依据。用基于支持向量机与模糊推理的智能信息融合方法，运用实验探索法，研究沙基在线辨识，探索二维运动C形腿仿生六足机器人最优控制策略，解决其自适应控制问题。创新点：1.利用滑轨和反装曲柄连杆机构，在不增加驱动电机情况下，将原来只有一维运动的C形腿变为既有平动又要转动的二维运动C形腿，可克服C形腿在松软沙基中滑转率过大的缺点，提高机器人通过松软沙基的能力；2.建立二维运动C形腿轮沙作用的数学模型；3.用实验数据训练支持向量机地面辨识模型集，建立基于支持向量机的地面辨识系。

李 婷

1974年10月出生。博士，数学计算机学院副教授，主要从事应用数学的教学与研究工作。国家自然科学基金2014年地区基金获得者。

项目名称 （项目编号：71461024）

具有背景风险的模糊投资组合优化模型与算法研究

项目简介

本项目将系统研究、完善基于可信性测度下具有背景风险的模糊投资组合选择模型，构建可信性测度下的背景风险度量指标，建立一般约束条件下具有背景风险的模糊情绪投资组合模型。探讨加法背景风险和乘法背景风险与投资情绪的相互关系，分析背景风险和投资情绪对最优决策和有效前沿的影响。引入流动性约束、汇率、投资情绪等因素构建具有背景风险的多阶段模糊投资组合若干模型，根据模型特点设计有效算法，分析每阶段内以及阶段之间的各因素之间的相互关系，结合真实数据进行模拟分析。本项目不仅为投资者的实际投资提供理论依据，而且对模糊投资组合理论进行了补充与完善。

赵　军

　　1971年12月出生。博士，经济管理学院教授，主要从事管理科学与工程的教学与研究工作。国家自然科学基金2009年、2014年地区基金获得者。

项目名称　（项目编号：71461025)

　　基于规范的企业竞争力演化的计算实验研究

项目简介

　　项目以宁夏制造业企业为研究对象，通过实证研究、计算实验研究，探索企业竞争力的形成机制和演化规律。研究内容包括：一是以企业规范为演化基本因素，建立基于复杂适应系统的企业竞争力研究框架，分析企业竞争力的演化机制。二是研究基于规范的企业竞争力概念模型。获取规范并建立规范库，建立企业能力主体模型，建立企业竞争力主要构成要素的关系假设，进行企业竞争力的实证研究。三是设计多Agent的企业竞争力模型与仿真分析。设计基于多Agent的企业竞争力模型，设计Swarm仿真程序，通过仿真系统运行观察企业规范的变化，研究规范的功能对企业竞争力的影响。

冯　蛟

　　1979年5月出生。博士，经济管理学院副教授，主要从事市场营销专业的教学与研究工作。国家自然科学基金2014年地区基金获得者。

项目名称　（项目编号：71462028)

　　群发性危机中未曝光企业响应策略对消费行为动态影响的传导机制研究

项目简介

　　借助解释水平理论和调节聚焦理论，重构危机群发情景下消费者对企业行为反应的动态理论模型。通过四组不同实验以及多组群线性结构方程和多元德尔塔方法对模型中的变量关系进行分析和验证，从时间维度对危机中、危机后消费者不同反应与行为意愿的产生机理进行比较分析。本项目将有效弥补以往研究很少关注群发性危机下企业响应策略中"介入时机与应对方式"的交互效应、未能从企业和消费者之间的互动关系视角来考察比较企业响应策略的长短期效果等不足，还将为企业建立危机预警机制和紧急响应机制，最终唤醒全行业共同应对危机的集体意识提供相应的理论依据和策略建议。

陈丽宇

1964年4月出生。硕士，数学计算机学院教授，主要从事数学学科的教学与研究工作。国家自然科学基金2014年地区基金获得者。

项目名称 （项目编号：71463043）

宗教文化对少数民族群体参保意愿和行为影响机理研究

项目简介

项目以回族群体为切入点，以伊斯兰教为背景，以宗教文化影响回族参保意愿和行为变化机理为主线分析民族差异。特色：1.针对回族群体参保率、费用征缴率低于汉族群体的问题，研究伊斯兰文化对回族参保意愿和行为的影响机理。2.在社保政策和宗教条律刚性条件下，探究二者相融、共促发展的可行性。创新：1.在宗教视角下研究参保意愿和行为变化机理，提出建立参保行为理论构想，拓展了行为学在社保领域的应用。2.将宗教文化中民族特征设为潜在、观测变量进行实证分析。成果将为民族地区完善社保政策和组织措施提供理论支持。

张 玲

1966年5月出生。硕士，教育学院教授，主要从事教育技术学的教学与研究工作。国家自然科学基金2014年地区基金获得者。

项目名称 （项目编号：71463044）

西部民族地区基础教育信息化绩效评估与发展路径探究

项目简介

借鉴和应用多学科理论和分析方法，对西部欠发达民族地区基础教育信息化问题进行综合性研究，探索如何建立一套科学、系统、有效的基础教育信息化绩效评估模型和绩效评估方法，推进相关领域管理和决策的科学性，缩小基础教育数字鸿沟，促进优质教育资源共建、共享。分层抽取样本地区、学校，应用问卷调查及统计分析，访谈、实地调查，开展地区基础教育信息化绩效评估的数据调研和差距分析，探查差距背后的原因和影响因素，探索缩小数字鸿沟的最佳方案，有效地推进信息技术与教育融合，推进西部民族地区基础教育信息化水平。

毕 利

1968年5月出生。硕士，数学计算机学院教授，主要从事计算机应用技术的教学与研究工作。国家自然科学基金2014年应急专项基金获得者。

项目名称 （项目编号：61440046)

云计算环境中web服务组合集成关键技术的研究

项目简介

本项目以某制造业为例，试图通过本体技术来解决企业内部的数据描述问题，并在云框架下构建多粒度的制造服务库，提出一种基于制造业企业的支持自动化服务发现和服务组合的语义web服务描述模型和优化策略。即对web服务进行多粒度语义描述，通过扩展有色Petri网的定义，对用户查询组合进行优化的实现与再构造。根据用户的需求自动化地发现、选择、组合服务技术，并在现有EAI模型上扩展语义试图建立一个面向业务的Web service语义的动态表示模型。目的是为企业之间在应用互操作和应用集成时，能够根据不同的应用需求，快速、灵活地发现合适的业务应用程序，集成各种已有的和新添置的业务应用系统。

林雪玲

1982年5月出生。博士，物理电气信息学院讲师，主要从事凝聚态物理的教学与研究工作。国家自然科学基金2014年应急专项基金获得者。

项目名称 （项目编号：11447160)

ZnO基反替位掺杂磁性半导体的电子结构与磁学性质第一性原理研究

项目简介

本项目拟采用量子力学第一性原理计算的方法，研究：1.过渡族元素反替位掺杂的ZnO电子结构、电子自旋状态与磁学性质；2.ZnO中本征点缺陷、缺陷组合的电子结构与磁学性质；分析微观结构、化学键、本征点缺陷对ZnO基磁性半导体中的电子结构和磁特性的影响，从理论上揭示：反替位掺杂ZnO基磁性半导体中的微观磁相互作用的本质；此结构中磁性的起源。本项目旨在探索ZnO基DMS中自旋相关的磁耦合的物理机制，为高温铁磁性材料的设计、制备等提供理论依据。

曾建成

1969 年 12 月出生。硕士，物理电气信息学院教授，主要从事计算机应用技术的教学与研究工作。国家自然科学基金 2014 年应急专项基金获得者。

项目名称 （项目编号：61440050）

宁夏滩羊胎盘粉冻干工艺仿人智能控制研究

项目简介

羊胎盘粉规模化生产的智能控制一直是冻干行业期望解决的一个难题。真空冷冻干燥仓是加工羊胎盘粉生产线上的核心设备，仓内温度、湿度的控制对冻干品的质量起着决定性的作用。目前，国内大部分干燥仓的控制都依赖于工人经验，其控制效果很不理想。本项目从模糊控制理论出发，在总结了大量的人工控制经验的前提下，经过上位机的模糊运算处理，给出了真空冻干仓二维模糊控制器的决策表；在此基础上，改进小样机，构建真空冻干仓仿人智能控制系统并进行生产试验、采集数据，从而为提高羊胎盘粉的生产质量、提升生产效率以及节能、环保等方面提供切实有效的革新方案，并为企业生产滩羊胎盘粉提供智能控制器。

马　超

1978 年 11 月出生。博士，物理电气信息学院讲师，主要从事电子科学与技术的教学与研究工作。国家自然科学基金 2014 年应急专项基金获得者。

项目名称 （项目编号：61440042）

位置信息无关的传感器网络覆盖控制以及边界退化问题研究

项目简介

项目拟对覆盖控制算法中的边界退化问题开展研究：1. 距离信息辅助的本地化覆盖控制算法，从本地距离信息中挖掘出相对位置信息，根据 Voronoi 图理论推导出准确的本地覆盖冗余判断规则，通过双阶段调度策略优化工作节点选择过程，减少工作节点数量；2. 对边界退化问题进行数学建模，总结和抽象出边界节点和非边界节点特征，根据图论和计算几何理论建立基于本地感知邻近图的最大无弦圈搜索特征识别模型，有针对性地对边界节点实施占空比调度，避免边界节点过早死亡；3. 最小抑制距离泊松采样的随机调度覆盖控制算法，建立边界效应条件下的随机覆盖集分析模型和泊松采样节点分布均匀性量化模型，设计最小抑制距离的不相交覆盖子集划分规则和自适应额外唤醒规则，提高随机调度覆盖控制算法的覆盖质量和效能。

狄良川

1971年6月出生。博士，政法学院副教授，主要从事民族学、管理学、社会学方面的教学与科研工作。国家自然科学基金2014年应急专项基金获得者。

项目名称 （项目编号：71450008)

基于诚信视角下高校科研不端行为预警机制研究

项目简介

项目主要基于科研诚信视角，以期为政府部门、高校科研管理单位以及科研人员在建立联动防范机制和制定防范决策上，提供一定的建议参考。分三部分：理论部分，主要对政府决策部门、科研资助机构在法律规范、制度建设、管理机制等层面进行文本研究。实践部分，首先对高校和科研管理部门在诚信环境优化、科研绩效评估、科研行为监督和管理机制的实施和执行层面开展重点研究；其次对高校科研人员在特质差异、心理因素、道德自律、自我满足等层面展开个体研究。应用部分，通过实践部分的研究，对科研诚信失范和科研不端行为可能发生的潜在风险进行分析和评价，建立风险预警机制。

李海波

1984年11月出生。博士，光伏材料重点实验室讲师，主要从事纳米物理学的教学与研究工作。国家自然科学基金2014年青年基金获得者。

项目名称 （项目编号：11403120)

熵差脱盐电池及其内在工作机理研究

项目简介

以电化学双电层吸附模型为理论基础的熵差脱盐电池是一种新型的脱盐电池。该电池具有成本低、应用范围广、无二次污染和电解液利用率高等优点，具有非常良好的应用前景和研究潜力。该项目拟通过化学气相沉积法制备微观结构各异的石墨烯薄膜并研究其熵差脱盐电池性能。探索电极材料微结构对熵差脱盐电池工作效率的影响机理，以及石墨烯基熵差脱盐电池在多种离子体系下的工作机制和热动力学过程，并提出相关的理论解释。在此基础上，通过对石墨烯薄膜的功能化处理，研究聚合物掺杂对离子增强型熵差脱盐电池工作效率的影响机理。

田 蕾

1983 年 2 月出生。博士，农学院讲师，主要从事作物遗传育种的教学与研究工作。国家自然科学基金 2014 年青年基金获得者。

项目名称 （项目编号：31401361）

水稻苗期耐盐基因 qSTS8 的精细定位与候选基因分析

项目简介

宁夏土壤盐渍化非常严重，水稻生产受其影响极为明显。申请人利用耐盐品种"法国稻"和盐敏感品种"日本晴"杂交获得的 F2 群体在水稻 8 号染色体定位了 1 个新的耐盐相关主效 QTL qSTS8，贡献率 22%。本项目拟利用耐盐 F3 家系与日本晴连续回交，结合分子标记辅助选择获得 BC3F2 群体，采用染色体代换定位策略，对该位点进行精细定位。利用转录组测序分析盐胁迫和正常生长条件下日本晴和耐盐近等基因系 NIL（FSTS8）的全基因组表达谱，筛选差异表达基因、鉴定基因区 SNP 差异。将精细定位区间与基因组表达谱和 SNP 信息整合，筛选耐盐候选基因。系统测定水稻种质资源耐盐候选基因序列，发掘具有潜在利用价值的有利基因。

石 晶

1982 年 2 月出生。硕士，生命科学学院讲师，主要从事植物分子生物学的教学与研究工作。国家自然科学基金 2014 年青年基金获得者。

项目名称 （项目编号：31401444）

枸杞 MS2 基因的克隆及其功能的初步研究

项目简介

MS2（Male sterily 2）类基因是植物花药发育过程中与育性相关的重要基因，该基因编码脂肪酰基还原酶，参与了花药绒毡层中脂类代谢过程。基因缺失后会影响到花药绒毡层和花粉壁的正常发育。本项目拟克隆枸杞中的 MS2 基因，并对该基因在枸杞花药发育过程中的功能做进一步研究。主要包括：克隆枸杞 MS2 基因，并对基因做相应的生物信息学分析；通过 RNAi 干涉获得转基因枸杞植株，进而利用表型鉴定和细胞学分析等手段了解 MS2 基因的生物学功能；通过将枸杞 MS2 基因转化拟南芥 ms2 突变体并获得转基因植株，进而揭示 MS2 类基因在双子叶植物发育过程中的功能保守性。

刘贵珊

1979年6月出生。博士，农学院讲师，主要从事食品营养与添加剂、农产品无损检测方面的教学与研究工作。国家自然科学基金2014年青年基金获得者。

项目名称　（项目编号：31401480）

基于流化床富集—高光谱成像技术的红葡萄酒中白藜芦醇快速检测方法研究

项目简介

本项目拟采用流化床富集—高光谱漫反射模式测量的一体化系统进行红葡萄酒中白藜芦醇的测定，采用流化床富集白藜芦醇，将吸附有白藜芦醇的吸附树脂不经洗脱直接进行高光谱检测。获取的图像信息经二值化、收缩膨胀等处理得到特征波长进而提取光谱信息；采用FD、SD、PMSC等方法对光谱进行预处理，通过PLSR、LDA、BP神经网络等优选出最佳算法，建立白藜芦醇的高光谱分析模型，采用分段直接校正算法评价模型的稳健性。本研究采用流化床富集—高光谱技术将为白藜芦醇的快速检测提供新方法，为高光谱成像技术对其他微量成分的检测提供理论依据。

南　岭

1983年11月出生。博士，西部发展研究中心助理研究员，主要从事自然地理学的教学与研究工作。国家自然科学基金2014年青年基金获得者。

项目名称　（项目编号：41401310）

农牧交错带典型耕作制度对农田土壤风蚀可蚀性的影响

项目简介

本项目以农牧交错带典型耕作制度下的农田土壤为研究对象，通过对土壤风蚀可蚀性和土壤质地、土壤团聚体、土壤湿度、地表粗糙度等影响因素进行原位监测，围绕不同耕作制度下土壤风蚀可蚀性及其影响因素的动态变化规律，运用统计分析和时间序列分析等方法，确定土壤风蚀可蚀性与其主要影响因素的定量关系，揭示土壤风蚀可蚀性的动态变化规律及其驱动机制，和不同耕作制度间土壤风蚀可蚀性的差异及其形成机制，最终评价不同耕作制度对农田土壤风蚀可蚀性的影响，为更准确地进行风蚀预报和区域风蚀风险评价提供科学支撑。

任重义

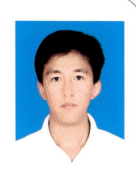

1981 年 12 月出生。博士在读，机械工程学院讲师，主要从事机械设计及自动化的教学与研究工作。国家自然科学基金 2014 年青年基金获得者。

项目名称 （项目编号：51405250）

多圆弧弧齿锥齿轮啮合机理及修形制造技术研究

项目简介

本项目将研究圆弧数等于或大于四个的多圆弧弧齿锥齿轮机构的啮合机理，以及其相应的修形制造技术难题。本项目将系统地研究多圆弧齿廓弧齿锥齿轮的啮合理论、承载能力、传动平稳性及对各种制造和安装误差的敏感性等，并找出不同齿形齿轮各参数之间的规律与内在关联；利用齿面加载接触分析技术分析其齿面接触工作性能并对齿面进行修形，针对实际应用中各种制造及安装误差造成的齿轮啮合点错位，以轮齿承载能力最高、传递误差最小等为目标，进行齿轮齿面的修形理论研究；最后通过加工一对齿轮样机并通过实验验证多圆弧弧齿锥齿轮啮合机理、齿面修形及加工工艺的正确性。

车佳玲

1985 年 12 月出生。博士，土木与水利工程学院讲师，主要从事结构工程的教学与研究工作。国家自然科学基金 2014 年青年基金获得者。

项目名称 （项目编号：51408328）

R/ECC 联肢剪力墙结构基于最优屈服机制的抗震性能设计理论与方法

项目简介

本项目以联肢剪力墙预期损伤部位采用高性能 ECC 材料代替普通混凝土的 R/ECC 联肢剪力墙结构为研究对象，基于联肢剪力墙屈服机制控制和性能设计理念，通过试验研究、数值模拟和理论分析，研究跨高比、配筋方式、ECC 强度等对 R/ECC 连梁抗震性能的影响，提出该连梁承载力计算模型及满足延性需求的截面变形能力设计方法；研究耦联率对 R/ECC 联肢剪力墙抗震性能的影响，提出满足 R/ECC 联肢剪力墙最优屈服机制和延性需求的耦联率确定方法；研究 R/ECC 联肢剪力墙适用于不同功能要求的抗震性能目标，提出 R/ECC 联肢剪力墙各性能水准的结构损伤程度控制方法。

潘 欢

1983 年 2 月出生。博士，物理电气信息学院讲师，主要从事控制科学与工程领域的教学与研究工作。国家自然科学基金 2014 年青年基金获得者。

项目名称 （项目编号：61403219）

非线性特性多智能体系统一致性研究及其应用

项目简介

本项目旨在分析具有非线性特性多智能体系统的一致性以及对沙漠机器人编队进行计算机模拟仿真。将无向通讯拓扑推广至有向或切换网络结构中，通过建立非线性多智能体系统模型，采用自适应控制或 T-S 模糊方法研究系统的一致性问题，得到实现一致性的条件；对于多智能体系统设计非线性协议，利用 Lyapunov 稳定性理论与 La Salle 不变性原则，获得系统实现一致性的非线性条件；综合考虑时滞对多智能系统的影响，通过设计 Lyapunov 泛函，分析系统实现一致性时有关时滞的约束限定。将理论研究结果应用于计算机仿真，实现沙漠机器人的数值模拟。

国家社会科学基金获得者

曹伟琴

1964 年 7 月出生。马克思主义学院副教授，国家社会科学基金 2014 年一般项目获得者。

项目名称 （项目编号：14BKS087）

西北地区少数民族社会主义核心价值观的认同和培育研究

项目简介

本项目研究主要内容包括：1.西北地区少数民族社会主义核心价值观认同和培育的相关理论梳理，民族认同和宗教认同理论的分析。2.西北地区少数民族社会主义核心价值观认同度的调查研究。包括：西北地区少数民族价值观的现状分析；西北地区少数民族社会主义核心价值观认同度的调查研究；影响少数民族认同社会主义核心价值观的因素分析。3.西北地区少数民族社会主义核心价值观的培育原则和路径选择。

温 丽

1963 年 5 月出生。硕士，马克思主义学院教授，国家社会科学基金 2014 年一般项目获得者。

项目名称 （项目编号：14BMZ099）

西北少数民族地区生态移民可持续发展研究

项目简介

本项目研究主要以马克思主义的基本理论为指导，对中国生态移民的政策、实践和有关理论进行梳理、总结和概括，试图构建中国特色生态移民战略的理论体系。一方面，为国家进一步完善生态移民政策，更有效地推进生态移民实践提供理论支持，使生态移民政策更具科学性、前瞻性和可操作性；另一方面，从更高层面上讲，能够丰富中国特色社会主义建设理论，特别是针对西北少数民族地区生态移民战略理论体系的建构，对生态移民可持续发展更具指导意义。通过分析西部少数民族生态移民在遏制生态恶化，促进经济发展的基本规律和辩证关系，为进一步推进生态移民可持续发展提供一定的理论支持。

张淑红

1970 年 12 月出生。硕士，人文学院副教授，国家社会科学基金 2014 年一般项目获得者。

项目名称 （项目编号：14BZS046）

近代宁夏民间婚姻家庭变迁研究

项目简介

本项目从文献学、档案学、地方志角度切入，采用搜集、梳理、总结、归纳、分析等方法，通过对近代宁夏民间婚姻家庭变迁过程的考察，对婚姻家庭变迁的自身体现、社会体现以及变迁的不平衡性的分析，揭示并证明：近代宁夏民间婚姻家庭的变革与宁夏社会近代化的推动，是构成宁夏近代社会新陈代谢的一个基本环节。宁夏民间婚姻家庭所呈现出的自身独特性，乃是不同社会环境、民族特征以及自然风貌在婚姻家庭变迁中的具体体现。对它的研究将有助于我们从不同侧面去理解、审视宁夏近代化这一历史进程，以推动宁夏社会的更快发展。

梁祖萍

1965 年 7 月出生。博士，人文学院教授，国家社会科学基金 2014 年一般项目获得者。

项目名称 （项目编号：14BZW098)

宁夏古代诗歌研究

项目简介

本项目拟全面系统地研究宁夏历代诗歌产生的社会背景及时代特征，作者创作的缘由及诗歌创作的特点等，客观准确地描述宁夏历代诗歌丰富的内容、独特的艺术表现手法，准确深刻地揭橥宁夏古代诗歌的发展规律和蕴含的人文精神，并深入挖掘其文学文献价值与地域特色。通过对宁夏古代诗歌全面系统的整理与研究，探索宁夏古代诗歌的创作特点，对进一步全面研究宁夏古代文学及文化特点起到奠定基础的作用。通过本项目的研究，有助于了解宁夏文明的演进，能够为西部开发提供极富价值的历史经验及教训，能够启迪宁夏历史文化资源的开发和文化产业方面的思考，对提升宁夏的文化品位、丰富宁夏的文化内涵有着重要的价值。

顾世群

1973 年 2 月出生。博士，政法学院副教授，国家社会科学基金 2014 年一般项目获得者。

项目名称 （项目编号：14BZX089）

西北回族道德选择研究

项目简介

本项目通过文本解读、田野调查、价值分析等方法，展现西北回族日常生活和社会生活中的道德选择现实，通过对道德选择困境成因的分析，寻求解决现代变迁中的西北回族道德选择的困惑之道。

金忠杰

1973 年 2 月出生。博士，阿拉伯学院教授，国家社会科学基金 2006 年、2014 年一般项目获得者。

项目名称 （项目编号：14BWW018）

《古兰经》文学研究

项目简介

阿拉伯文学是世界文学的重要组成部分，也是世界上最古老的东方文学之一。《古兰经》作为阿拉伯历史上第一部见诸文字的典籍，不仅是阿拉伯—伊斯兰文化体系的渊源经典，也被视为是阿拉伯语言文学学科形成的基础。从文学学科视角看《古兰经》，"作为文学的《古兰经》"和"文学中的《古兰经》"基于自成一体的"古兰体"，成为阿拉伯文学史上首部韵体形式的经典，并被认为是阿拉伯文学的最高成就和后世阿拉伯文学作品的典范。本项目以文本学、文体学和文献学的相关理论、方法为指导，采用宏观研究与微观分析相结合的方式，本着资料翔实、论据充分、论述公允的治学态度，围绕《古兰经》的文学属性与类型、文体形式、文学价值与文学影响等展开研究。

王　颖

1983 年 10 月出生。硕士，西夏学研究院中国少数民族史专业在读博士，国家社会科学基金 2014 年青年项目获得者。

项目名称　（项目编号：14CMZ038)

西夏契约文书研究

项目简介

西夏契约文书是中国古代契约宝库中的瑰宝，它的出土填补了两宋时期契约文书的稀缺，成为衔接现存中国古代契约档案的重要链条。本项目通过对已公布西夏契约文书的系统整理和释读，在剖析西夏契约文书外在形制、类型结构、具体内容、保障机制、历史流变、现实运行、风格特征以及与同时期唐宋契约比较研究的基础上，结合传世律典和历代史籍，通过"三重证据"考察西夏民间契约与国家律令之间的复杂关系，透视西夏微观经济生活和基层社会风貌，进而丰富和深化对于西夏法制史、经济史和社会史的研究。

尤　桦

1981 年 4 月出生。博士在读，西夏学研究院助教，国家社会科学基金 2014 年青年项目获得者。

项目名称　（项目编号：14CZS029)

西夏边防制度研究

项目简介

西夏以武立国，在与宋、辽、金等周边政权的较量中，立国长达 190 年。其中西夏积极的边防政策和严密的边防措施发挥了非常重要的作用，无论从建国伊始的积极防御到后期的被动防御，统治者都非常重视边防建设，并制定了大量内容丰富、民族特色鲜明的军事法律条文。西夏边防不同于以往游牧民族政权的边防政策，与中原王朝之间划定了边界线，双方设有明确的界碑，同时建立了大大小小的州城堡寨，与之正面抗衡。尽管西夏与周边政权、民族之间有征服与反抗，统一与分裂，同化与异化，但却促进了社会内部经济、政治和文化的紧密联系，加强了农业文化与游牧文化的融合，逐步形成了中华民族多元一体的格局。

焦岩岩

1983 年 5 月出生。博士，教育学院讲师，国家社会科学基金 2014 年青年项目获得者。

项目名称 （项目编号：14CGL048）

西北回族聚居区农村教师职业吸引力提升机制研究

项目简介

本项目借鉴政治社会学的公众参与理论、制度经济学的机制设计理论，综合运用大规模样本调查和深度个案分析等多种相结合的实证研究方法，基于农村教师发展利益需求的视角，对西北回族聚居区农村教师职业吸引力的现实及其形成的内隐机理进行分析，对西北回族聚居区农村教师职业吸引力的提升机制进行构建，以期为改进西北回族聚居区农村教师质量、提升西北回族聚居区农村教育质量提供具体的行动路径和技术路线。

赵晓佳

1968 年 11 月出生。博士，外国语学院副教授，国家社会科学基金 2014 年西部项目获得者。

项目名称 （项目编号：14XGJ001）

建设丝绸之路经济带背景下宁夏与中亚地区的人文交流研究

项目简介

本项目是对共建丝绸之路经济带背景下宁夏与中亚地区人文交流问题的系统研究。丝绸之路经济带战略构想为宁夏进一步向西开放、发展与中亚地区交流合作提供了新的契机。在各领域交流合作中，人文交流承载着重要的使命，是丝绸之路经济带建设的一个重要方面。本项目在系统梳理宁夏与中亚地区之间历史上的文化交流和彼此之间民族亲缘关系的基础上，研究丝绸之路经济带建设中，宁夏与中亚人文交流的基本理论问题，并进一步探索新形势下宁夏与中亚地区人文交流发展的一系列现实问题，为我国面向中亚的人文交流、丝绸之路经济带建设和宁夏对外开放的发展提供参考。

白　庆

1964 年 9 月出生。硕士，马克思主义学院副教授，国家社会科学基金 2014 年西部项目获得者。

项目名称　（项目编号：14XKS014)

中国经济增长与中华文化认同之间的发展规律和反规律研究

项目简介

中国文化的上层建筑能不能随着生产力水平的提高而不断地调整？人们对中华文化的认同感能否随着中国经 马克思主义的理论失灵了，还是中国社会的发展与众不同？这种现象是规律性的体现，还是反规律的产物？如何消除危机，重建文化认同？……因此，对中国经济不断增长与年轻一代中华文化认同感日渐降低间的内在机理（规律和反规律）及对策的研究和探讨，也就显得尤为突出和重要了。

王朝海

1974 年 7 月出生。博士，人文学院讲师，国家社会科学基金 2014 年西部项目获得者。

项目名称　（项目编号：14XZS009)

中国历史上北方少数民族政权正统问题研究

项目简介

正统观是我国历史上一种重要的政治观念和史学观念，对中国历史上的政治制度建设和历代修史影响深远。研究少数民族政权正统问题，并不是只有汉族政权才能成为中国的正统王朝，少数民族王朝同样可以进入中国正统序列。少数民族政权正统争夺为中华民族凝聚力形成、中华民族多元一体格局形成奠定了基础，为中国古代疆域形成奠定了基础。本项目系统地对北魏、辽、金、西夏、元、清等少数民族政权正统问题进行研究，对有关少数民族政权正统地位评价的材料进行了全面梳理，充分评估少数民族在历史上的作用，肯定少数民族在多民族国家形成过程中的贡献，最后从这些少数民族政权正统化运动对中国历史进程的影响展开研究。

张 涛

1977 年 12 月出生。博士，政法学院讲师，国家社会科学基金 2014 年西部项目获得者。

项目名称 （项目编号：14XFX011）

保障性住房法律制度比较研究

项目简介

尽管我国已经初步建立了住房保障体系和相应的政策法规，但仍然存在着大量的问题，城市中的低收入群体的权益得不到保障。例如，保障性住房的规划、土地供给、所有权形式、配套设施建设、公共服务的提供、准入条件、审核程序、分配、流转等问题，这都说明我国现有的住房保障制度存在瑕疵和漏洞，有必要对现有的制度进行深入研究和系统完善。英国和美国的城镇化已经经历了上百年时间，他们率先制定了保障性住房制度。无论在理论研究和实证研究方面，英国和美国积累了许多的研究成果和实践经验，并制定了相对更为完整和有效的住房保障法律制度，这对完善我国当前的住房保障制度有着重要的借鉴意义。

王晓丽

1977 年 8 月出生。博士，阿拉伯学院讲师，国家社会科学基金 2014 年西部项目获得者。

项目名称 （项目编号：14XGJ017）

中东地区伊斯兰教派冲突研究

项目简介

中东地区因其重要的地缘战略位置和丰富的能源储备，历来是美俄等大国角力厮杀的重要战场。2011 年中东变局以来，伊斯兰教派冲突已从初期的暗流逐渐发展成为影响中东地区稳定的一个重要因素，并且教派矛盾在短期之内无法解决。中东地区伊斯兰教派间的博弈及新思潮的出现在一定程度上将对中国西部地区文化生态安全、丝绸之路经济带及中国向西开放战略的实施产生潜在影响。因此，研究中东地区伊斯兰教派冲突的发展变化对中国海外利益保护及维护国内宗教领域的稳定极其重要，有助于处理中国与转型中的中东地区有关国家的关系，服务国家战略。

梁向明

1962 年 9 月出生。博士，教授，博士生导师，主要从事民族文化与民族文化旅游的教学与研究工作。国家社会科学基金 2006 年、2014 年西部项目获得者。

项目名称 （项目编号：14XJY017）

宁夏建设穆斯林国际旅游目的地对策研究

项目简介

本项目拟全面审视国家"向西开放"战略背景下宁夏建设穆斯林国际旅游目的地的有利条件和不利因素，分析制约宁夏旅游产业向阿拉伯国家和穆斯林地区发展的瓶颈和旅游管理体制机制方面存在的突出问题。在此基础上，运用科学的方法和评价旅游资源的历史标准、美学标准和社会文化标准，对宁夏旅游资源进行分类、评估和特征分析。在广泛调研和科学论证的基础上，提出宁夏建设穆斯林国际旅游目的地的具体对策，探索宁夏发展国际旅游的途径和方法，为自治区各级党委、政府、旅游主管部门制定宁夏旅游发展战略提供政策建议。

马宗保

1968 年 1 月出生。博士，回族研究院教授，国家"万人计划"哲学社会科学领军人才，国家社会科学基金 2004 年、2014 年西部项目获得者。

项目名称 （项目编号：14XMZ005）

美国哈佛大学藏晚清民国时期外文回族文献译介与研究

项目简介

对晚清民国时期外文回族文献的搜集、译介和研究一直是回族研究领域的"短板"。美国哈佛大学各图书馆收藏的晚清民国时期外文回族文献包括英、法、德、俄、日等多种文字，占全部海外回族文献的80%左右。项目组将在获取这批文献资料全部复制件的基础上，重点选择记述晚清民国时期回族经济、社会、文化的文献资料进行整理和翻译，出版"哈佛大学藏晚清民国时期外文回族文献译丛"一套，为国内学者开展相关研究和教学服务。进而围绕经济生活、人口与社会、受教育状况、居住模式、宗教信仰与清真寺、民族关系、各地回族民俗等进行复原性研究，丰富晚清民国时期回族研究，加深对近现代回族社会变迁过程的认识。

索 引

国家自然科学基金获得者

国家社会科学基金获得者